マンガ

ブランド人になれ！

会社の奴隷解放宣言

原作
田端信太郎

シナリオ
星井博文

作画
伊野ナユタ

NEWS PICKS COMIC

はじめに

今朝も都心のオフィス街に向かう電車では、顔面に「憂鬱」の2文字をペインティングしたビジネスパーソンが、疲れ切った土気色の顔をさらしている。

月曜日の朝に目覚めた瞬間からブルーな気分で眉をしかめ、貨物列車のような満員電車に寿司詰めにされ、スマートフォンのゲームや動画アプリに目を落として現実逃避する。

会社のドアを開けた瞬間から無能な上司の顔色をうかがい、やりがいのない仕事を惰性でこなしながら月末の給料日を待つ。

金曜日の夜にようやく仕事から解放され、財布の中身を気にしながら安居酒屋でくだまき、上司の悪口を吐いて憂さ晴らしする。

ビジネスパーソンよ、君はなぜそうまでしてワクワクする瞬間や、心が震える感動のないサラリーマン奴隷の日々を過ごしているのか。黒人奴隷を白人から解放するため、エイブラハム・リンカーンが南北戦争を戦ったのは19世紀だった。今は「個人の自由と幸福の追求」が何よりも大事な人権だという考えが実現した21世紀だ。なのに君たちは、なぜ自らに手かせ、足かせをハメて奴隷のような日々に甘んじているのか。

全国の社畜サラリーマンよ、今こそ、決起するべきときではないか。21世紀の奴隷解放宣言を、自ら高らかに宣言するべきときではないか。

1863年、リンカーンは歴史的なゲティスバーグ演説で「government of the people, by the people, for the people」(人民の人民による人民のための政治)と叫んだ。リンカーンになぞらえて、僕は君たちに訴えたい。「ブランド人の、ブランド人による、ブランド人のための会社に勤めようではないか!」と。

「ブランド人」とは、たとえ組織の人間であっても、会社の名前ではなく自分の名前で勝負する者のことを言う。

もはや、どんな大企業でも変化に対応できなければ簡単に潰れてしまう。リストラなんて日常茶飯事だ。終身雇用、年功序列などは幻想だったと誰もが気付いた。

もはや国策として、最近しきりに語られる「副業解禁」。このバズワードは何を示しているか。これは「会社はあなたの面倒を見きれないから、会社の外で稼いでください」ということだ。政府が主導しているわけで、この流れはやがて本格化していくだろう。

会社が守ってくれるという幻想は、もはや完全に崩壊する。

もし、定年まで無事に勤務したとしても、人生100年時代に、60歳で放り出されて、残り30年以上をどうやって生きていくというのか?

サラリーマンであっても、「自分という会社」を経営しなくてはいけない。アーティストやアスリートと同じように自分というブランドを磨き上げなくてはいけない。不安に思うだろうか？それともワクワクするだろうか？

僕は新卒でNTTデータに入ったのち、リクルート、ライブドア、コンデナスト、LINE、ZOZOとその時代における最先端企業を渡り歩いてきた。自分の名刺代わりになるプロジェクトをいくつも立ち上げ、ブランドを打ち立ててきた。常に最先端企業に引き抜かれ続け、プロ野球選手以上のサラリーをもらっている。

会社に仕事をやらされるのではなく、自分の手で仕事を選び取る。
無難な仕事ではなく、あえて面倒な仕事に身を投じる。
波風立てずに過ごすのではなく、顰蹙を買いながらでも名乗りをあげる。
既得権にしがみ付くのではなく、無謀なチャレンジに身を乗り出す。
成功パターンに固執するのではなく、新しいことを学び続ける。
社内政治を鼻で笑い、社外でこそ有名になる。

つまり会社の名前ではなく自分の名前で仕事をする「ブランド人」にならなくては、「人生100年」時代には、もうダメなのだ。なにも難しいことではない。特別なスキルや資格も必要ない。

奴隷として染みついた発想や習慣を捨てるだけだ。その瞬間からブランド人への道は開ける。日本一のプロサラリーマンである僕がその方法を教えよう。

幼いころ、僕も君たちと同じく戦隊モノの番組に熱中したり、リングを飛び回るマスクマンのプロレスラーに熱狂した。ロビンソン・クルーソーの冒険譚、宇宙や深海を旅するSF小説、時空を飛び回るタイムマシンを想像し、「田端信太郎ではない何者か」に生まれ変わる変身願望を脳内妄想した。

女性の読者だって、変身願望を存分に満たしてくれる「魔法使いサリー」や「美少女戦士セーラームーン」「プリキュア」や「魔法少女まどか☆マギカ」に例外なくハマったと思う。

古くは大林宣彦監督の映画「転校生」、最近では新海誠監督の大ヒットアニメーション「君の名は。」を観た観客は、ぶつかった拍子に男女の心と体が入れ替わってしまうファンタジーに熱狂し、スクリーンの前で変身願望を充足させた。

なぜ多くの人々は、アニメーションや劇映画の中でしか人間は変身できないと信じこんでいるのだろう。

「士別れて三日、即ち更に刮目して相待つ」という言葉がある。「士たる者、別れて3日後に目を見開いて相手をよくよく見つめ直してみれば、見違えるように生まれ変わっているものだ」という意味だ。

3日も時間があれば、凡人はブランド人にモデルチェンジできる。いや、3日どころか、今この瞬間から君は生まれ変われると僕は訴えたい。全ては、気構えから始まるのだ。
君よ、会社組織にがんじがらめに縛られる奴隷生活にピリオドを打ち、「自分ではない何者か」に変身してみないか。君も、ブランド人になってみないか。

本書は僕が初めて書いた著書『ブランド人になれ!』を大胆に翻案し、星井博文さんのシナリオ、伊野ナユタさんの作画によってマンガ化したものだ。君がブランド人に変身するためのセオリーとエッセンスを随所に放りこんでいる。
マンガというフォーマットになることで、私が伝えたかったエッセンスが、より鮮烈に表現されている。ビジネスとは、他人とのぶつかり合いだ!。その意味では、「俺はこうだ!」と1人称で語り続けた原著よりも、主人公が人とぶつかり合う葛藤を描いたマンガ版「ブランド人になれ!」のほうが、僕が伝えたかったことが、より読者に共感され、伝えられるのではないかと信じている。
さあ、冒険に出発しよう。このマンガの最後のページを読み終わった瞬間、君がすぐさまブランド人への第一歩を踏み出してくれていることを祈りつつ。

2019年2月　　ブランド人　田端信太郎より

目次

プロローグ

ブランド人とは?

はぁ…
ZOZOの前澤社長
民間人初月へ！
スペースXの月旅行、初の乗客に
ZOZO前澤氏、アーティストを同
この前澤《まえざわ》さんってスゴイな〜
もう別世界すぎ
空野有紀《そらのゆき》(26)
靴の下請け会社
総務部
ストラディバリウスに
バスキアの何億円の絵
芸能人の彼女にしかも宇宙って…
私この前ね！ZOZOスーツもらっちゃったの♪
これで自分にピッタリの服買うんだ〜！
くすー
ええっ
私もほしー

ZOZOかぁ あんなところで 働けたら かっこいいですよね
そう? 下請けの方が 言われた通りに 作ればいいし 気楽じゃない
バン
おい空野! 試作品を 急いで 持って行って くれ!
はっ はい!
気をつけて 持って行きな さいよ!
それは うちの命運を 握るもの だからね!
え

メーカーの値下げ圧力に対抗するために作ったうちの技術力の証明ね
……
町工場としての意地よ！
何を喋ってる！5時に届ける約束なんだ！早く行け！
はっはい！
おらコワッ
タクシー使ってもいいからな！
はい！
頼んだぞ！

ピピー
なんでこんな時に限って渋滞なの？
初乗First ¥410
ヤバイ！
もう走って行った方が早いわ
すみませんここでいいです！
バンッ
ハァ
ハァ
ハァ
よしっギリギリ間に合うー！

え
!!!
ドオォン

ててて
大丈夫ですか?
だっ
大丈夫です
すみません
急いでいるんで
失礼します!
ガッ
ハア
ハア
ハア
ハア
ハア
よかった
間に合った…
ハァ
ハァ

えっと
どちら様
でしたっけ？
鈴谷さん！
私ですよ〜！
いつも
届けに来てるじゃ
ないですか
なっ何で
僕の名前を？
知ってる？
いいえ
あの
会社名を
もう一度…
長屋靴《ながやぐつ》の
空野です！
ああっ
長屋靴さんね！
空野さんって
2人いたんだ
え？

きゃあああああ

な…
なんだ
これは
まさか…
さっき
ぶつかった人と
入れ替わってる━!?
君の名はじゃ
ないんだから!!

AMBURGER X
HAMBU
落ち着け落ち着け
まさかこんなことが起こるなんて信じられない…
しかもよりによって
こんな顔に〜〜〜!?
イケメンが良かった〜〜〜!
バッ
ブブッ
え
ブブ
ブブブ
ブブブ
私の携帯からだ!

…もしもし
どうやら俺たち入れ替わってしまったみたいだな
はい
私の声だ～～～
とにかく一度会おう
は…はい
長屋靴の空野有紀です
ZOZOの
田端《たばた》信《しん》太郎《たろう》です

まずは何でもやってみろ

誰の言葉ですか？
俺の言葉だよ
ポカン
…
マーケットを知るには自分が誰よりも消費者にならなくちゃいけない！
だから俺は新しいものは何でも試すし現場にも行ってる！
そして俺は今！本モノの女性目線に立てた！
これは相当なレアキャラだぞ！
ブランド人として価値が上がる！

ブランド人？
ブ
そ！この現実を楽しまないでどうする？
そもそもこんな出来事誰に話しても信じてもらえないでしょ
それはそうですけど…
当分は入れ替わって仕事するしかないんだ
ええ!!
私がZOZOで働くんですか!?

当然だ！
分からないことがあったらLINEして
俺LINE得意だから
…
得意？何言ってんのこの人…
俺の家には家族がいるから今ホテルを用意した
あんたは一人暮らしだっけ？俺はそこに帰る
え！私の家に住むんですか!?
はぁ

仕方ないだろ
ううっ
わかりました
…
ニャ
よし
いつまでこんな日が続くの…？
田端信太郎
どんな人なんだろう…
田端信太郎　ZOZO
田端信太郎　wiki
田端信太郎　経歴
田端信太郎
ックマークと履歴

えっ
嘘でしょ……
リクルートでR25を作って
株式会社
企業への投資活動、ネ
2003年に『R25』の源流となるプロジェク
・2005年4月ライブドア入社。
などのサービス統括を経て 2008年4
ビジネス担当上級執行役員。
ライブドアでホリエモンの下で働いて
LINEで上級執行役員
だからLINE得意なんだ…
ツイッターのフォロワー数20万人!?

何なのこの人…
こうして二人の入れ替わり生活がスタートする

01

まずは何でもやってみろ

有紀「ウソ〜！　体が入れ替わってる！　しかもこんな顔に！」
田端「あはは、悪いな。でも俺は、これで本モノの女性目線の消費者になれる。ブランド人としての価値が上がる。まずは何でもやってみろだ！」

マーケットを知るためには自分が誰よりもアクティブな消費者にならないといけない。一流の消費者でない人間が一流のマーケッターになれるはずがないからだ。僕は、2016年11月に開催された「G1経営者会議」というイベントで、スマートフォンマーケティングのディスカッションに登壇し、50代ぐらいの経営者たちに聞いてみた。

「ポケモンGOをやったことがある人は手を挙げてください！」

この年の7月は「ポケモンGO」がリリースされて、大ヒットした時期で、街には「ポケモン廃人」たちがあふれていた。しかし嘆かわしいことに、一割も手が挙がらなかった。40歳以上の方に向けて声を大にして言うが、若い人たちの間で流行っているものを普通に自分で実際に試してみるだけで、同年代のオジサン連中と、ものすごい差がつく。

田端「ある年齢に達して管理職になるとなぜ、保守的になってしまうんだろう？」

有紀「確かに……みずみずしい好奇心を失っている気がします」

ユーチューバーがものすごい視聴回数を上げているのであれば、「くだらない」とバカにすることなく、とりあえずアクセスしてみよう。それがリアルなマーケットを知ることになる。理想としては見るだけでなく、自ら動画をアップしてみるのが一番だ。

マーケティング資料と睨めっこをしていてもリアルな市場は絶対につかめない。そんな暇があるなら、話題のネットゲームやアプリを今すぐいじってみるべきだ。市場動向のレポートなど、どうでもいい。ゴミ箱に捨てろ。常にミーハーでいろ！　評論家になるな。現場に行け。新しいものなら、まずは何でもやってみろ。

俺の言葉だよ

ブランド人になれ！

会社の奴隷解放宣言

第1章

売り上げよりもインパクト

わぁ すごい オフィス…
ZOZO本社
キャ
おぉ,
田端さん
ひゃいっ!!
ビクッ

さっきのつぶやきどういう意味なんですか？
さっき…？
197,202 フォロワー
メディア
ートと返信
田端@田端大学塾長である！
この会社クソだな
31
54
4
えええええっ何つぶやいてるのよ――!!
長屋靴
なんだこの会社は…
死んでいるのか？

美香《みか》ちゃん今日もキレイな髪だねぇ
あはは…
セクハラ
パワハラ
メールしたならメールしたって電話しろよ!
バカか!
バン
バン
年功序列に未だにオフコン!?
初めて見た!!
昭和のまま時代が止まっている…
よく今日まで生きてこれたな
ヒュオ～
おはよう
空野さん昨日どうしたの?

え？
ふ〜ん イケメン じゃん
いや… なんか 等々力《とどろき》産業から クレーム きてたからさ
クレーム？
バ゛ン
おい空野！
ちょっと 来い!!

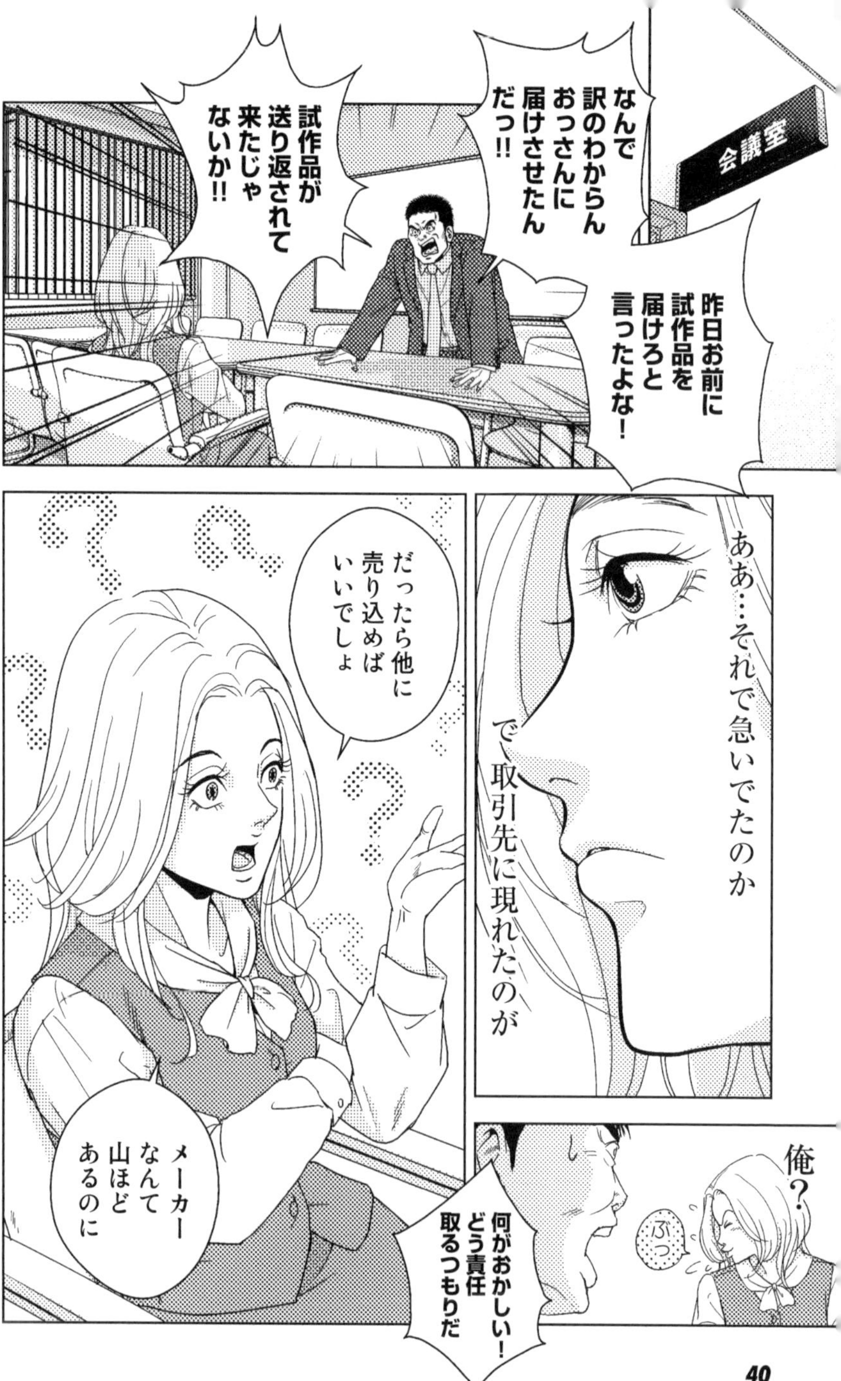
会議室
昨日お前に試作品を届けろと言ったよな！
なんで訳のわからんおっさんに届けさせたんだっ!!
試作品が送り返されて来たじゃないか!!
ああ…それで急いでたのか
で、取引先に現れたのが
だったら他に売り込めばいいでしょ
メーカーなんて山ほどあるのに
俺？
ぶっ
何がおかしい！どう責任取るつもりだ

お前
何言ってんだ?
等々力産業さんは
ウチの最大の
取引先だぞ
そんな裏切る
ような真似が
できるわけ
ないだろ
もし発注を
止められたら
本末転倒だ…
ズッパリ
そんなコト
言ってるから
ずっと下請け
なんですよ
は?
しかもなんだ
その態度!!

ドMからドSへ

わずかな『我慢料』だけのM労働は止めてドSにならないと！
ドSだと？
サービス精神のSスペシャリストのSです！
メーカーを見るんじゃなくお客様の笑顔が見えるような仕事をしましょうよ！

いい加減にしろ!!
お前今日おかしいぞ!
この会社がおかしいんですよ!!
くだらんこと言ってないで今すぐ試作品持って謝罪に行ってこい!!
久々にムカついた!
メーカーに切られることを恐れ過ぎてるからいつまでも下請けなんだよっ!
って… 等々力産業ってどこにあんだ?

スマホ忘れた
出直すか・・・
ドッ
うおっと！
あっ ごめんなさい！
バラ・・・
・・・
コト・・・
どよ〜ん
はぁ・・・

なにこれ
スゲー いいじゃん!!
ZOZOで色んな靴を見てきたけど…
この靴細部まで丁寧な仕事してる
デザインは地味だけど…
あははっ
なにこれ履き心地最高じゃ~ん♪
あの会社
こんないい靴作れるのか!

田端さん！変なことしないでくださいよっ！
CAFE
田端さんのアカウントで呟くと
今の私が呟いたことになるんですよ！
あぁアレ？
ほんとあんたんとこの会社クソだなぁ！
うっ
やめてください！みんないい人なんですから！
あぁ悪ぃ悪ぃついいつものクセでさ気をつけるよ
そういえば営業のイケメン君が心配してくれたなぁ
えっ…もしかして柳田《やなぎだ》さん？

あぁ
彼が柳田か
ニャ ニャ
どっ
どういう意味
ですか？
えっ
あんたの部屋に
あった日記に
柳田って名前が
スゲー出てきたから
いやあああああ
勝手に日記
見たん
ですかあ!?
いや
出しっぱ
だったら
見るじゃん？

今日は
柳田さんが
缶コーヒーくれた♡
期待しちゃって
いいかな？
あー
ばー
ばー
ばー
ばー
ちょっ
ちょっと
大丈夫？
もう最悪…
元に戻り
たい
うっ
あ…
悪い

あんたの会社クソだけどさ
作ってるものは悪くねぇよ
むしろ最高だよ!
え
下請けの地位に甘んじるなんてもったいない!
自社ブランドを立ち上げるべきだ!

そんなこと
できる訳ないじゃないですか
何もやってないのに判断するなんてつまんねぇやつだな
ムッ
いちいち腹立つなこの人!
今の時代やろうと思えばなんだって出来るんだ!
簡単に言いますけどね!
世の中のサラリーマンやOLはみんな我慢しながら働いているんです!
あなたみたいな凄い人とは違うんです!

勘違いするな！俺は普通だ
本当に凄い人ってのはホリエモンや前澤さん孫正義《そんまさよし》さんのような人をいうんだ！
え…？
あの人たちはいい意味でネジが何本かぶっ飛んでる
だから思い切った判断を下せるんだ
だからこそ「ブランド」にこだわるんだ
けど俺は違うみんなと同じサラリーマンだ

ブランド?
あぁ 自分の名前で仕事をする為の『ブランド』
つまり『ブランド人』だ!
あの… 何言ってるのかわからないです
難しいことじゃない
特別なスキルや資格も必要ない
会社の奴隷として染み付いた発想や習慣を捨てればいいんだ!

自分というブランドを打ち立て
自分の手で仕事を選び取るんだ！
グッ
想像してみろよ自信と目的をもって仕事が出来ればどれだけ幸せか
理想論ですよそんなの…
ウチじゃ無理です
だったら見てろ！
すくっ
俺が自社ブランドを立ち上げてやるから

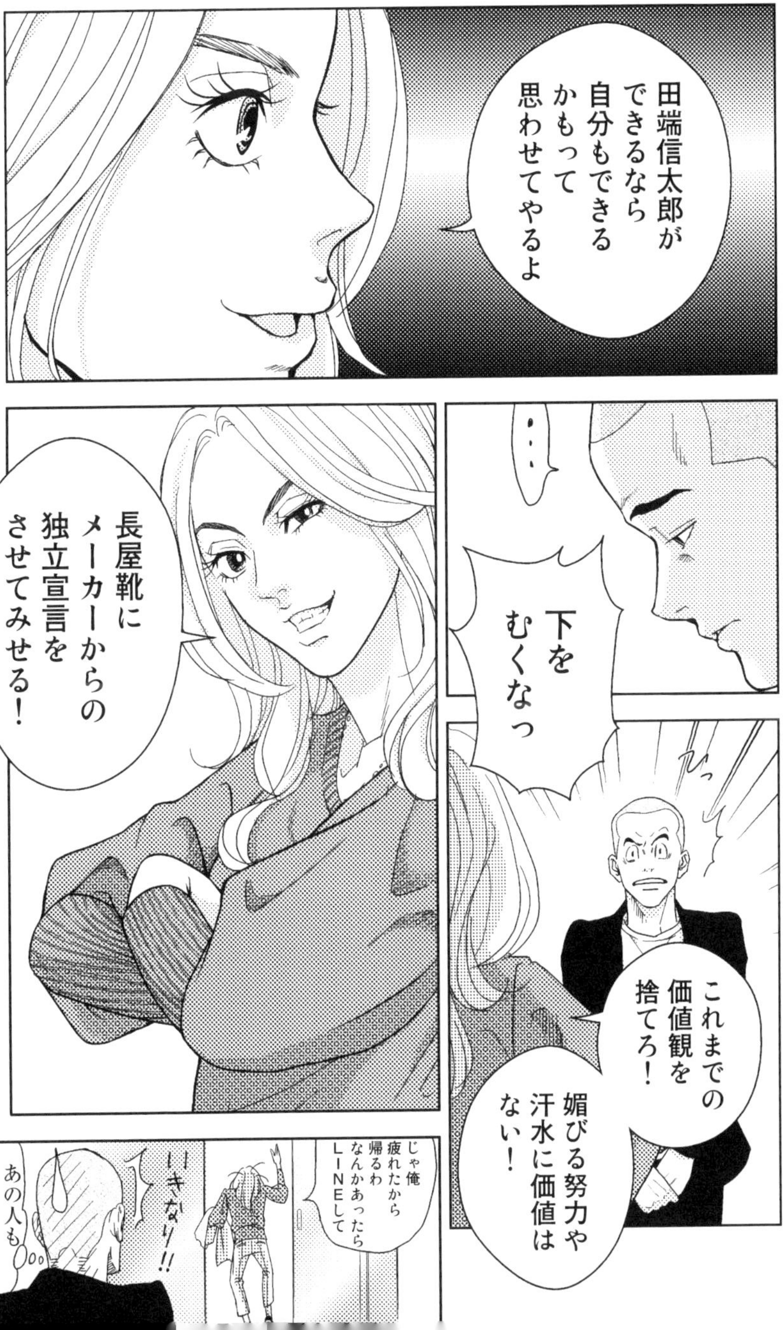

田端信太郎ができるなら自分もできるかもって思わせてやるよ
長屋靴にメーカーからの独立宣言をさせてみせる！
・・・
下をむくなっ
ハッ
これまでの価値観を捨てろ！
媚びる努力や汗水に価値はない！
じゃ俺疲れたから帰るわなんかあったらLINEして
いきなり!!
あの人も疲れたりするんだ…

翌日
おはようございます
あぁ　おはよう　えっと君は確か総務の…
鶴見《つるみ》直也《なおや》(55) 役員
空野です
あのぅ　社長に話があります
社長なら出張中で当分帰ってこないよ
うーん　直談判した方が早いんだがな
ぶっ
ぶっ
ぶっ
何言ってんだ　急ぎなの?
まぁいいや
実は自社ブランドを立ち上げたいんです!

はっ
いつまでも下請けに甘んじてないで
自社ブランドを作って勝負すべきだと言ってるんです！
あっはっはっはっはっはっ
って総務のくせに無礼だぞ！
仕事に戻りなさい！

無礼者でかまわない

本気ですよ！
『昔から続いてきた習慣』や
『社会人として常識ハズレだ』なんて
クソ食らえです！
なっなんて言葉を…！
このコこんなコだったっけ？
常識ハズレで十分無礼者でかまわない
イノベーションはそこから生まれるんです！
ひっ
なんだどきなさい！

売上よりもインパクト

売上を心配する前に重視すべきことがあります!
はぁ
まだあるのか…言ってみろ
ブランドを認知させるには市場に圧倒的なインパクトを残すことです!
だから大バクチをしなきゃやる価値がない!
失敗したら超大ゴケ
成功すれば最低10年は人の記憶に残るような…
聞くんじゃなかった
うちにそんな余裕ないのは知ってるだろ
スタ
スタ

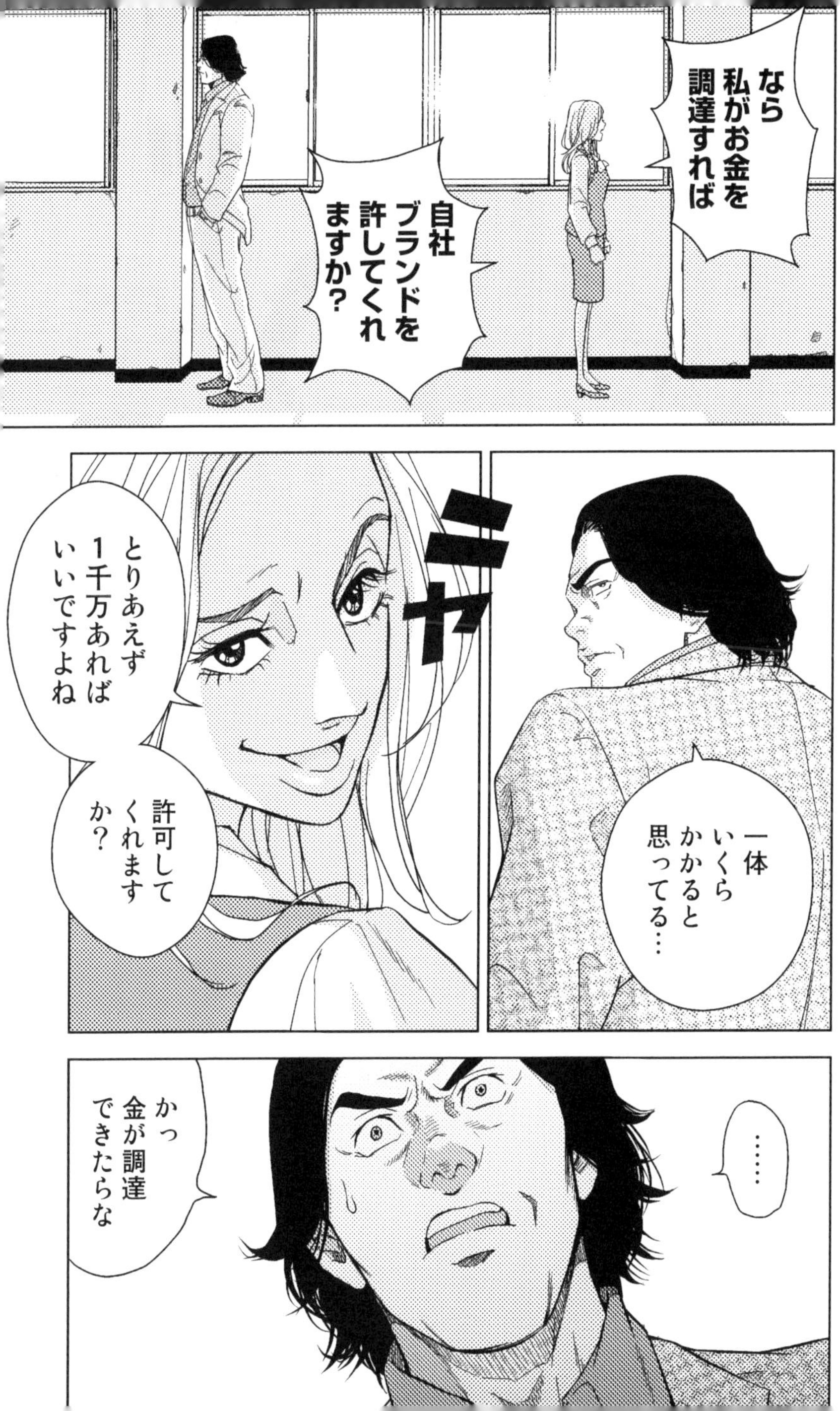
なら私がお金を調達すれば
自社ブランドを許してくれますか?
ニヤ
一体いくらかかると思ってる…
とりあえず1千万あればいいですよね
許可してくれますか?
……
かっ金が調達できたらな

四日後
ドド
ン
!
約束の1千万円を確保しました!
ザッ
じゃプロジェクト立ち上げますんで
ちょっちょっと待て!
一体どうやって
クラウドファンディングです
試作品はデザインが今ひとつだったんで
デザイナーにデザインしてもらって公開したんです

何だって？
RiRi@カニマヨ
この靴履き心地サイコー
インフルエンサーにつぶやいてもらいましたよ
デザインがも
ば
絶対買うわ
少し投資してみようかな♪
ちょっと待て！
デザイナーは何者だ？
さぁ知らない人です
今回初めて連絡したんで
ネットで片っ端から連絡を取ったら
やってもいいという人が一人いたんで助かりました
……

システムの歯車になるな システムそのものを創れ

実は…
俺もずっと今の状態が問題なのはわかっていた
ただ…習慣という見えない壁に立ち向かう勇気がなかった
けど君の行動力と熱量があれば
壁は壊すことができるかもしれないと思えてきたよ
それじゃあ

あぁやろう！
自社ブランドを立ち上げて下請け町工場の地位を抜け出そう！
善は急げだ！早速社長に報告しよう！
はい！

新大阪
しんおおさか Shin-Osaka
彼女の行動力は素晴らしいです！
これなら本当に自社ブランドも夢じゃありません
社長！うちの技術力で勝負しましょう！
バカを言うな
え
自社ブランドなんて絶対に許さん

02 ドMからドSへ

田端「わずかな『我慢料』だけのドM労働は止めてドSにならないと！」
有紀「ドS？　って……どんな働き方なんですか？」

君の仕事がどれほどつらくても、誰にでもできる仕事であれば給料は上がらない。たとえば、工事現場には、クルマを誘導する交通整理のオジサンたちがいる。真夏には、路上の体感温度は40℃を軽く突破するし、真冬には寒風がふきすさび、氷点下の凍てつく中での労働だ。しかし、オジサンたちは今日も明日も赤い棒を振り続ける。

つらい仕事にもかかわらず、彼らの給料はびっくりするほど安い。なぜなら、その仕事は、電光掲示板やロボットでもできる単純労働だからだ。オジサンたちが苦しみながら赤い棒を振り続けようが、ロボットが、機械的に棒を振り続けようが、運転手にとってはどうでもいい。「給料が安い」「つらくてたまらない単純労働」しかも「誰からも喜ばれない」こういう三重苦をオジサンたちは背負って、今も赤い棒を振っている。

田端「彼らの給料は、『つらい仕事に耐え続けていることへの我慢料』に思えるよ」

有紀「もしかして、田端さん、私たちサラリーマンのことを言ってるんですか!?」

実のところ、多くのサラリーマンも「給料が安い」「つらくてたまらない」「誰からも喜ばれている実感が得られない」という三重苦にあえいでいるのではないか。一日の仕事が終わって帰宅し、風呂にでもゆっくり浸かりながら、君も胸に手を当てて考えてほしい。今日自分がやった仕事で、いったい誰が、どれだけ喜んでくれたかを。具体的にお客様の顔を思い浮かべてみよう。もし、わずかな「我慢料」をもらうだけのドM労働者生活をしているのなら、今すぐやめてしまえ。今日からドSになるのだ。

Sはサービス精神のS。スペシャリストのSでもある。君のドSプレイによって、どれだけの人を笑顔にできるか考えてみよう。君がブランド人に仲間入りするための第一歩は、ドMからドSへの意識改革から始まるのだ。

03

無礼者でかまわない

有紀「田端さんは役員の鶴見さんに無礼なことを言ったらしいですね。私、恥ずかしい」
田端「エッ、『昔から続いてきた習慣』や『社会人として常識ハズレだ』なんてクソくらえですって言っただけなんだけどな……」

まさかとは思うが、ブランド人を目指す読者の君たちならば、年賀状のような20世紀の遺物を毎年書いていることはないと信じたい。ところがビジネスパーソンは、年賀状という謎の習慣を今でも大事にしているらしい。年末のクソ忙しい時期に、年賀状を100枚も200枚も書いて、ヒーヒー言っている人たちもいる。

第一、年賀状は、メッセージを伝えるフォーマットとして最悪だ。「賀正」や「謹賀新年」という大きな文字と干支のイラストが入れば、文字を書くスペースはほとんどない。わずかに残されたスペースに「今年もよろしく！」とか「いい仕事をしましょう！」と一言書いて終わりだ。こんなゴミのような年賀状には何の価値もない。

田端「今どき、こんな、ありきたりの年賀状を取引先からもらって喜ぶ人などいるか？」

有紀「でも年賀状って昔から続く習慣で、社会人としての常識でしょ」

このような「自分も相手も喜ばず、誰も幸せになっていない」あるいは「単純に面倒くさい」仕事は、今すぐ躊躇なく切り捨てよう。面倒くさがりであることは決して悪いことではない。面倒くさいからこそ、どうでもいい仕事を削る工夫が生まれるからだ。そうやってできた浮いた時間を、自分が本来やるべき仕事に使えばいい。

「昔から続いてきた習慣だから」「社会人としての常識ハズレだから」そんな周囲からのくだらない批判は無視しておけばいい。「失礼だ」「非常識だ」と口にし始めたときから人間の退化が始まる。ブランド作りにおいて「何をやらないか？」は「何をやるか？」よりも重要だ。昔から続いているという理由だけの意味のない仕事は時間の浪費だ。今すぐやめてしまえ。無礼者でかまわない。イノベーションはそこから生まれる。

04

売り上げよりもインパクト

有紀「田端さん、自社ブランドを立ち上げたそうですけど、売り上げは大丈夫なんですか？」

田端「あのな、売り上げよりも、重要なことがあるだろ？」

ブランド人への階段を一歩ずつ上りつつある君なら、「今月の売り上げ目標、利益目標」などという強迫観念に胃を痛める必要なんてない。もう時効だから許されるとは思うが、僕がリクルートで、創刊に携わったフリーマガジン「R25」は全く儲かっていないと思う。

僕は「R25」を創刊してから、1年後ぐらいにライブドアに転職した。だからトータルで収支がどうだったのか、確かめることもできないのだが、初年度で10億ぐらいの赤字が出たことは間違いない。しかし、売り上げ的には全く儲かっていなかったとしても、リクルートの既存の事業の中で「R25」は異彩を放っていた。「R25」旋風によってリクルートは世の中に新しい価値を送り出せたと僕は自負している。そしてブランド人にとって、このような社会的なインパクトこそがキモなのだ。

有紀「でも会社に利益をもたらさなければ、社内での人事評価が低くなってしまいます」
田端「ブランド人になりたければ、社外へ向けて圧倒的なインパクトを残すべきだ」

考えてみてほしい。君が組織に所属するサラリーマンであるならば、いくら会社を儲けさせたところで、君の利益は、せいぜいボーナスが何割か増える程度だろう。ブランド人になりたければ、社内での人事評価ではなく、社外にインパクトと爪痕を残すべきだ。だからブランド人にとって最重要なことは、自分のプロジェクトによって、世の中に問題提起という大輪の花火を打ち上げることなのだ。できるだけ高く、できるだけ華やかに！

新しい商品や新しいサービスを世の中に解き放つならば、失敗したら超大ゴケ、成功すれば最低10年は人々の記憶に残るような大バクチをし、ブランド人として伝説を作ってみないか。誰にでもできる仕事でお茶を濁していては、社畜人生を歩むだけで、ブランド人には、一生なれない。圧倒的なインパクトを残せば、利益は必ずあとからついてくる。

システムの歯車になるな。システムそのものを創れ

有紀「田端さんってコロコロ会社を変わってますよね。どうしてですか？」
田端「それはシステムの歯車になることが、まっぴらごめんだったからだよ」

僕は、ＮＴＴデータ、リクルート、ライブドア、コンデナスト、ＬＩＮＥ、ＺＯＺＯと時代の波に合わせて働く場所を次々と変え続けてきた。なぜ僕は、終身雇用クソくらえと言わんばかりに、次々と転職を繰り返してきたのか。それは「システムの歯車」になるなんて、まっぴらごめんだからだ。

僕は、リクルートの社内コンペで入賞したフリーマガジン「Ｒ25」を立ち上げた。それは、最初、誰もが鼻で笑っていた無謀なプロジェクトだった。僕はどうにかしてこの計画を実現するため、職場の人間を巻きこみ、上司を説得し、社外のパートナーに協力を募っ

た。そしてこのプロジェクトが実際に動き出したときは、アドレナリンが噴き出し、全知全能の神になったかのような気がした。

有紀「そんな我が子同然の『Ｒ25』をなぜ放り出せたんです？」

田端「いざ事業が動き出すといつしか興奮と熱狂は醒め、毎日の仕事は、ルーティンワークになっていったからだよ」

ところが、「Ｒ25」が動き出して数ヵ月もすると、毎日の仕事はルーティンワークへと堕していく。日々の打ち合わせは、もはや僕にしかできないワクワクする仕事ではない。不毛な時間になったのだ。そんなときに出会ったのがホリエモンだった。

当時の彼は、プロ野球の球団を買収しようとしていたときで、常識やしがらみになんて全く関係なく、好き勝手をやりまくっていた。この男はなんとすがすがしいパンクな生き方をしているのかと僕は羨望し嫉妬した。そしてリクルートを離れ、ホリエモンの会社・ライブドアに転職することを決意した。もし君がブランド人として仕事をしていくなら、「ワクワク感を失い、システムの歯車となったら死んだも同然」と自覚してほしい。ブランド人たるもの、荒野を目指せ！

あぁ 自分の名前で 仕事をする為の 『ブランド』
つまり 『ブランド人』だ!

ブランド人になれ！

会社の奴隷解放宣言

第2章

発信者たれ!

意味が分からん！
メーカーに反旗を翻したと勘違いされることを恐れているんだ
クソっ石頭め！直接話すしかない
ちょっと待て社長はまだ大阪だぞ
ほな行くで！
おいコラマジか!?
ダッ

大阪
それでは今後ともよろしくお願い致します
失礼致します
社長 話があります!
なんだ? お前たち何しに来た!
空野さん?
すみません 空野がどうしても社長に直接話したいと…

会社の命運を握る話を持ってきたんです！
新ブランドを立ち上げましょう！
え　新ブランド？
お前か
鶴見にいらんことを吹き込んだのは！
会社の未来
社員の未来を考えたら
当然の判断です！

変化を恐れていてはきっとすぐに潰れますよ！
たかが平社員が何を思い上がっているんだ！
ワッハッハッ
お前は会社の言うことを聞いてりゃいいんだ！
私の名前は空野有紀だし
社員は会社の奴隷じゃないんです！
何だと？

まぁまぁ ふたりとも落ち着いて
ったく なんでわかんないかなぁ
とにかく新ブランドなんて絶対許さん！
さっさと帰って仕事しろ!!
だったら作らせてくれって言わせてみせますよ！
これ以上やめてくれ
ふっ 勝手に言ってろ
いくぞ柳田！
はっ はい

あんな大口叩いて大丈夫か？
大丈夫ですよ
私と鶴見さんで駄目でも
一万人に説得されたら動かざるを得ない！
ニヤッ
はあ〜っ
また突拍子もないことを…
ハフッ
うま
ブランド人なら可能なんですよ
ブランド人って何よ〜

えええええ！
私がブランド人に!?
無理無理無理無理
無理無理無理無理無理!!
社長にダメって言われたんですよね？
諦めましょう!!
諦める理由探すのやめない？
金魚鉢理論って知ってるか？

金魚鉢に透明な板を入れると
片方だけで暮らしだす
金魚は向こう側へ行けないと気付き
あるとき仕切りを取るとどうなるのか？
いや金魚はそのまま片方だけでしか暮らさない
また入り乱れるんじゃないですか？
どうせ向こう側へは行けないと洗脳されてしまったんだ

君は今 この洗脳された金魚と同じだ
私の人生こんなもの
どうせこんなことしか出来ないそう考えている
しかし俺と出会ってしまった
さっきの水槽に新しい金魚を入れると自由に泳ぎ回る
俺は何も知らない金魚だ
それを見て最初にいた金魚たちも再び泳ぎ回れるようになる

組織に染まった人間は思考停止に陥る！
何も知らない金魚であれ
……
じゃあ早速ブランド人になる為に動き出す！
とりあえず目標はトークイベントのゲストだな
・・・
まっ待って!!
そんなことできるんですかぁ!?

フォロワーは持ち運び可能な資産であり資本だ！

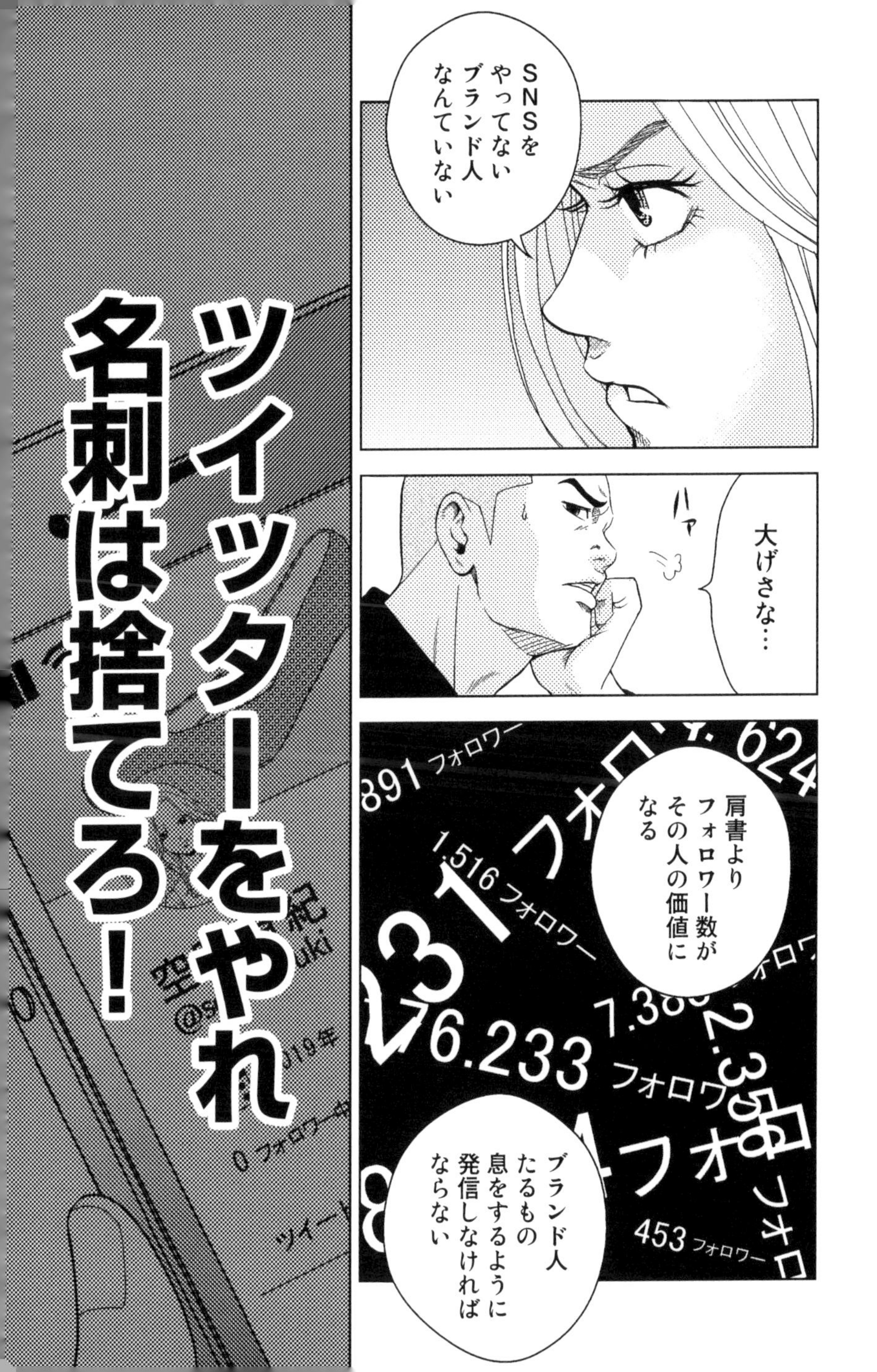
SNSをやってないブランド人なんていいない
ハァ
大げさな…
肩書よりフォロワー数がその人の価値になる
ブランド人たるもの息をするように発信しなければならない
ツイッターをやれ
名刺は捨てろ!

私にフォロワーなんてつきませんよ…
なんだとー!
あのなぁはっきり言ってフォロワーが千人超えないヤツは終わってるからな!
そんなに集めてどうするんですか?
だから私はムリだって…
どうして短期間で一千万円集まったと思う?
良い靴に共感してくれたから…
違う!
ZOZOの田端がオススメしたからだよ

俺が一度
つぶやけば
20万人の目に
触れる
さらに
リツイート
されれば
倍々ゲームの
ように
数百万人に
靴の素晴らしさが
伝わる
長屋靴ブランド化
プロジェクト
目標金額
10,000,000円
現在の支援額
¥12,239,700円
募集終
その結果
支援して
もらえたんだ
たった一回の
ツイートで…
どうだ
ブランド人は
楽しいだろ?

翌日
すっ
すごい…
237フォロワー
キラ
キラ
キラ
一晩で
200人超え
田端@田端大学塾長である！
これから気になる下町の靴屋
総務課空野有紀
@solanoyuki
田端さんが紹介してくれたことが大きいけど…
はぁ…
私本当にブランド人になっちゃうの？

ZOZO本社
田端さ〜ん!
田端さ〜ん!
おかしいなぁ ねぇ田端さん 知らない?
さっき チラっと 見たんす けどね
ビク
ビク
も〜 いつまで こんなこと しなくちゃ いけないの〜?
もうヤダ…
ブブブ
はぁ… また ツイート?
ブブブ…
13:23
あの人 どんだけ つぶやく気 なのよ

！
ウソでしょ！あのドンクックと…
空野有紀
@solanoyuki
やった！ようやくドンクックさんとアポが取れた。色んな話が聞けそう
ブブブ
ブブブ
返信先@solanoyuki
わあすごい！
返信先@s
さすがですね
空野さん!!
ブブブ
浜風会長
みんな応援してくれてる…
ブブブ
下請けがドンクックと何を喋るんだよ。
えっ

やり方が嫌いだ
ひいいいい
炎上始まった〜〜〜!!
へへっ

一週間後
会議室
このツイッターはどういうことだ？
会社の舞台裏をネットで赤裸々に語っているじゃないか
へ？
フォロワーとストーリーを共有しているんですよ
ストーリー？
ええ下請け会社がメーカーから脱却する為に
新ブランドを立ち上げるストーリーを体感してもらっているんです
そのうち応援の声があがって社長も無視できなくなりますよ〜〜〜〜〜！
くっくっくっ
しっしかしだな…
失礼します！

どっ
どうした?
お前たち…
僕たちも
新ブランドを
手伝わせて
ください!
ずっと
空野さんの
ツイッターを
見てました!
空野さんが
こんなに
頑張っているのに
これ以上
傍観なんて
できません!

お前ら…
いいね
金魚が自由に泳ぎだした

次世代シューズを語る
では今密かに注目を浴びている老舗靴製造業者長屋靴から空野有紀さんです
こんばんは空野有紀です
ぶっ
次世代シューズを語る
やっぱり質のいい靴は日常を豊かにしてくれるものなんですよ
デザインが大事ということでしょうか？
ええ
高いお金を出してでも購買意欲がそそられるものじゃなきゃならない
ちょっとなんであんな偉そうな態度なの〜〜〜!?
やめて〜

虚が実を生む

ちょっと！今日のイベントはなんなんですか！
偉そうにテキトーなことばっか言って！
あっ 来てたの？
面白かったでしょ！
キィっ
イベントに出るならちゃんと靴の勉強してからにして下さい!!
違うんだなぁ

うえっ!?

回りくどいこと言ってないで
とにかくやればいいんだ
どうせ自分なんて人前で話す知見なんてないとか思っているんだろう
そりゃそうですよ
むしろ逆!!
人前でアウトプットしなければいけない状況に追い込まれれば
人はそのレベルに追いつこうと学び成長するんだ
虚像でもいい自分をステージに上げろ!
そこから必死に辻褄を合わせろってこと

おっ見て！
次はテレビの
オファーだって！
ははーっ！
…
なんなの
この人…
数日後
ZOZO本社
あっ
空野さんだ！
あっ知ってる〜
最近よく特集
されてるよね〜！
え…
すごっ
テレビ
出てる

あ…あのぅ 空野さん 知ってるの?
もちろんですよー!
自分たちの靴を守る為に総務の子が孤軍奮闘してるんですぅ!
同じ女性として勇気づけられます!
でも最近彼女の社内で味方が増えたんだよね〜!
そうそう! ホント良かったよね〜!!
ウソ…あの会社《うち》の社員が田端さんに賛同したの?
信じられない…

自分に正直に生きるって素敵よね〜！
ねー
自分に正直かぁ……
そういや営業がうちで売らないかって連絡してるらしいんだよね〜
…
あっそうなんだ〜！
ええ！
ウチの靴がZOZOでー!?
はい？

社長室
よくもやってくれたな
イラ
お前のせいで会社は電話が鳴りっぱなしだ
イラ
イラ
景気のいい話ではないですかぁ
まーまー
おい
お前たち…失敗したら倒産だってあり得るんだぞ！
いや社長それは…
社長！

カネではなくパッション

……
それに
もし失敗しても
それは財産です！
死には
しません！
おい

負債の後始末は他人事か この平社員が
ハッ
ハッ
ハッ
ハッ
フッ
…冗談だ 後始末はワシの仕事
あんたのツイッター ずっと見てたよ

よくやってくれてる…
どうせやるなら日本一じゃなきゃ許さーん!!
社長!
何言ってるんですか!目指すなら世界一ですよ!

06 何も知らない金魚であれ

有紀「私がブランド人に!?　無理無理無理無理無理無理無理!!!!」
田端「君は『私の人生こんなもの。どうせ、こんなことしかできない』と考えている。洗脳された金魚と同じだ」

僕がいつも新入社員に語っている「金魚鉢理論」というものがある。
金魚が20匹入っている水槽があるとする。その真ん中に透明なアクリル板を入れて、片方だけに金魚を寄せる。しばらくすると金魚はアクリル板にぶつかって、向こう側に行けないことに気付き、片側だけで暮らし出す。あるときその仕切りをパッと取る。するとアクリル板を取ったにもかかわらず、金魚はそのまま片側でしか泳いで暮らさない。どうせ向こう側には行けないと洗脳されてしまったのだ。このような状態を、心理学では「学習性無力感」という。ではどうしたら、この金魚たちは水槽全体を泳ぐようになるのだろうか？

正解は「新しい金魚を２・３匹ほど水槽に入れる」。アクリル板の存在など知らない新しい金魚は、水槽全体を泳ぎ回る。それを見た最初の20匹は、あれ？　そっち側に行けるのか！　となる。この話を僕はいつも新入社員に語っている。

有紀「つまり、新入社員たちが何も知らない金魚ってことですね！」

田端「そうだ。『経験がない』『知識がない』というのは、むしろ若者の強みなのだ」

サラリーマンの多くは、会社という組織に染まっているため、思考停止に陥っている。とくに「成功体験」ほど厄介なものはない。人は、過去に通用した成功体験や勝ちパターンに固執してしまう。だがその多くは、すでに時代遅れなのだ。だから、まだ手垢がついていない新人こそが最強だといえる。新人であっても、組織に大きな貢献ができる。それは、組織に流れる暗黙のルールをゼロベースで問い直すことだ。「過去の記憶がない」ことが新人には望まれている。大抵の就活中の学生は企業を褒めれば受かると思っているが、むしろ「おたくの会社はここがこう駄目で、私ならそこをこんな風に良くできます」と言える人間こそが採用される。アクリル板などどこにもない！　何も知らない金魚であれ。

07

フォロワーは持ち運び可能な資産であり、資本だ

田端「エエッ！　君は、ツイッターのアカウントを持っていないのかい!?　衝撃だ!!」
有紀「いいじゃないですか別に」
田端「よくない！　ＳＮＳをやっていないブランド人などいない！」

ツイッターもフェイスブックもインスタグラムもやっておらず、ＳＮＳのアカウントを1つも作っていない。世界中どこを見渡しても、そんなブランド人は見当たらない。ブランド人たるもの、呼吸するかのようにＳＮＳで発信をしろ！

ＳＮＳが登場する以前は、名刺や学歴が君を証明するものだった。しかし、今や名刺や学歴など、ＳＮＳでのプレゼンスに比べれば、何の意味もない。肩書で仕事をしている人は、転職や退職で、会社から肩書を奪われてしまったら用なしになる。しかしＳＮＳのフォ

ロワーはスマートフォンと一緒についてきて、誰にも奪うことができない。

有紀「でもフォロワーなんて何の役に立つんです?」

田端「フォロワーは『持ち運び可能な資産』だといっていい」

僕が2008年にツイッターを始めたとき、当然のことながら、フォロワーはゼロだった。それが今では、20万人のフォロワーがつくアカウントになり、僕が発信するメッセージは多くの人の目にさらされるようになった。さらに僕のメッセージがリツイートされれば、倍々ゲームのように、数百万人に伝わるようになる。

だから僕がひとたび、おススメ本をツイートすればアマゾンから在庫がなくなる現象が起こり、過激な発言をすれば、たちまち大炎上するようになる。もし君の発信に価値を感じる人がいれば、たとえ今は無名の個人であってもフォロワーがつくようになる。1億円は事業で失敗したら一瞬でなくなるが、100万人のフォロワーがいきなり消えてなくなることはない。こんなにも心強い存在は他にないだろう。フォロワー数は、持ち運び可能な個人の資産であり、君というブランド人の価値を世間に知らしめてくれる誰にも奪えない資本なのだ。

08

ツイッターをやれ！ 名刺は捨てろ

有紀「うーん……やっぱりツイッター始めたほうがいいのかな？」
田端「まだ言ってるのか？　早ければ早いほどいい！」

僕がコンデナスト・ジャパンに転職した当時、「VOGUE JAPAN」や「GQ JAPAN」のツイッター公式アカウントはショボかった。これらの媒体のアカウントよりも、僕個人のアカウントの方が、はるかにフォロワーが多かったのだ。

そこで僕は、「VOGUE JAPAN」や「GQ JAPAN」が流すニュースを自分のアカウントでバンバンリツイートして、徐々にフォロワーを誘導するように努力した。その甲斐あってか、今や「VOGUE JAPAN」のアカウントには約75万人ものフォロワーが、「GQ JAPAN」のアカウントのフォロワーも9万人を超えるようになった。これだけのフォロワー数があれば、公式アカウントが発信する情報の価値が出てくる。

有紀「どんな発信をしたら、フォロワーがつくんでしょうか？」

田端「キャラを立てて自分の声で身を切った意見を発信することだな」

出版社も書店もたいていは、アカウントを設けているが、新刊の宣伝情報を機械的に流すだけで、編集者や書店員が身を切った意見を発信しなければ、ブランド価値は出ない。「ＳＮＳは労力ばかり奪われてカネにならない」と思っている人がいるかもしれないが、万単位のフォロワーを獲得できるようになれば、現実のビジネスを進める上でも確かな効果がある。たとえば、僕のようにエッジが効いたツイートをしていると、思わぬところで思わぬ人が僕のアカウントを見ていてくれたりする。相手が初対面の広告主であっても、アカウントの話だけで場が一気に盛り上がる。日頃からキャラを立てて情報発信をしていれば、自己紹介はいらない。今どき、名刺交換をして自己紹介から話をしないといけない時点でそいつは二流だ。自己紹介も名刺もいらないブランド人を目指そう。それにはソーシャルメディア、なかでもツイッターは大いに武器になるはずだ！

虚が実を生む

09

有紀「田端さん！　あなたがイベントで話したこと、テキトー過ぎます。靴のことなんか全然知らないくせに、エラソーに。もっと勉強してからにしてください！」

田端「違うんだなぁ。回りくどいこと言ってないで、とにかくやればいいんだ」

君がブランド人の仲間入りをするようになれば、業界人が集まる勉強会やトークイベントから登壇の声がかかるようになる。そのとき「オレには人前で話すような知識も経験もない」と辞退したり、気後れしてはいけない。最初は自分が思っていることをうまくしゃべれないかもしれないが、アウトプットの場数さえこなせば、誰でもすぐに話上手になる。何より、人前で話すことほど勉強になる訓練はない。訓練次第では、すぐに、誰にでもわかりやすく、人々の心に熱狂を灯せる話ができるようになる。

人前で話さなければならない状況に追い込まれれば、人はそのレベルに追いつこうと、必死に学び成長する。「十分にインプットしてから」なんて回りくどいこと、消極的なことを考えてはいけない。

有紀「それって、ハッタリですよね？」

田端「そうだ。むしろハッタリをかましているうちに、ハッタリが本物に様変わりしてしまうのだ。そう、虚と実はお互いに追いかけっこをしているものなのだ」

英語だって「ＴＯＥＩＣやＴＯＥＦＬを勉強していい点を取ってから、外国人と話すようにしよう」なんて言っていたら英語を使いこなせるようになるのに、すごい時間がかかってしまう。しかし「オレは英語が得意だ！」とハッタリをかまし、英語プレゼンの場に出たり、外資に転職してしまえば、追い込まれて英語をマスターしようと努力し、実体が追いついてくる。みんなは、やる順番が逆なのだ。

まず虚像でも何でもいいから自分をステージに上げるのだ。そして必死になって追いつけばいい。虚が実を作るのだ。

10 カネではなくパッションだ

有紀「それにしても田端さんって、なんであんなに働けるんですか？　おカネのためじゃないってことは感じてますけど……」
田端「ああ、オレを動かしているのはパッションなんだ」

リンゴの皮むきのように、人間が身にまとう余計なアカをそぎ落としてみよう。「今、オマエが着ているそのジャケットを脱いでみろ」「Tシャツも脱げ」「頭でっかちな理想主義とプライドなんて捨ててしまえ」「会社の名刺も捨てろ」こうやって、皮をむいてむいて、余計なアカを全部そぎ落としたときに何が残るのか。ブランド人なら、中核の部分に、マグマのように燃えたぎるパッション（情熱）があるはずだ。しかし、実際にはそれが見当たらない人が実に多い。泉のように湧き出るパッションをもたない人がブランド人になれるわけがない！

田端「フェイスブックのザッカーバーグもＭａｃやｉＰｈｏｎｅのスティーブ・ジョブズにしても、カネ儲けが目的でイノベーションを爆発させたわけではない」

有紀「確かに……おカネのためだけじゃ、あんなに働けないですよね？」

２０１７年に発売された「ＳＨＯＥ ＤＯＧ」（フィル・ナイト著　大田黒奉之訳／東洋経済新報社）という作品をぜひ読んでほしい。フィル・ナイトは、日本で「オニツカタイガー」（現・アシックス）の靴と出会い、その靴に魅せられ、それを超えるシューズを開発しようと努力を重ねた。そして、とうとうマイケル・ジョーダンをはじめとするスーパースターから熱く支持される「世界のナイキ」を創出したのだ。

自分がただ没頭していることに人々が熱狂する。そんな未来を想像し、一心不乱にひた走る。利害損得ではなく、偏愛にまみれ、前のめりの姿勢で仕事をすることが、逆に無限のブランドバリューを生むのだ。スタッフが次々離れていき、資金も底をつく。物心ともに絶望的な状況におかれてもなお「たった１人の熱狂」を灯し続ける。パッションだけを身にまとって今日も家を出る。こういうブランド人こそ最強なのだ。

カネじゃなくパッションです！

ブランド人になれ！

会社の奴隷解放宣言

第3章

仕事には己の名を刻め

ZOZO本社
下請けの立場から自社ブランドを立ち上げることに不安はありませんでしたか？
私は売れると思っていましたよ
だっていい商品なんですから
空野有紀(26)
長屋靴のOL　長屋靴オリジナルブランドを大ヒットさせた仕掛け人
ワッハッハッハッ
ずいぶん豪快な方ですね～
今や雑誌やテレビで毎日取り上げられている…
まさかうちの靴がこんなに売れるなんて

どうしたんですか？田端さん
えっ
？
アハッ もうヤダ〜！なんでもないです
ててて
本当に大丈夫ですか？
大丈夫…
それよりこの資料よろしくお願いします

最近
頑張り
過ぎちゃった
かな〜
ZOZOで
働くなんて出来ない
と思っていたけど…
田端さんの
言う通り
『虚が実を生む』のね
私も
がむしゃらにやったら
なんとかなった
長屋靴の
空野有紀さん
でした〜!
ありがとう
ございました〜
ニッ
私も
何か成し遂げたい

あっ
田端さん!
シャッ
あれ~
ズン
ズン
ズン
絶対に無理だと思っていた長屋靴のブランドが田端さんの力で可能となった
だったら私だって本気になればきっと出来るはず!
しかも私は今田端信太郎なのよ!!
失礼します!

トン…
うん
下請け町工場の
優れた製品を
メーカーを通さず
直接にユーザーに
売る販路として
ZOZOを位置づけて
もらうかぁ…
あぁ
うちでもそういう
ショップさんも
あるよな
はい！
最近テレビで
話題の長屋靴が
メーカーを通さずに
ブランドを
立ち上げて
話題になって
いますよね
町工場の
品質へのこだわりは
もっと評価される
べきなんです！
でも 今の町工場には
作った商品を
ユーザーに直接売る
販路がありません
だから
私たちが
それを提供
するんです！

面白そう
だねー
それじゃあ
でも広報として
先にやって
欲しい事あるん
だよねー
え
前の会議で
上がっていた企画
君に進めて
もらいたいんだ
次のシーズンには
間に合わせたいから
詳細共有
しておくね
けどっ
ZOZOの
プラットフォームを
使えば…
なんとか
なるかも…
じゃあ
そっち先に
頼んだよ
それじゃあ〜
あ〜…
やっぱり
そう上手くは
いかないよね…
…

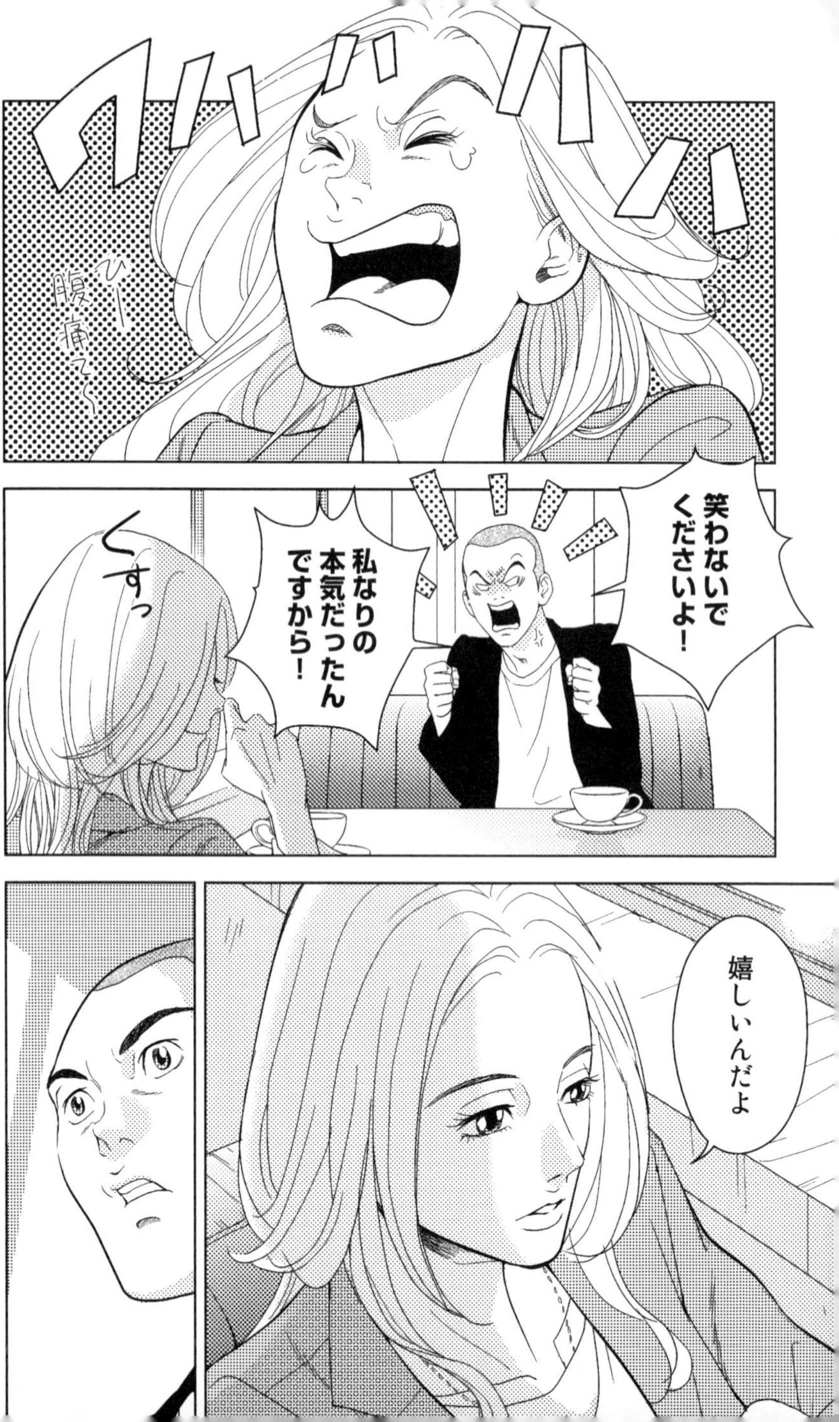
アハハハハ
ひー 腹痛ぇ〜
笑わないでくださいよ！
私なりの本気だったんですから！
くすっ
嬉しいんだよ

なんでもかんでも『無理無理』だった君が
自分から動いたんだ
こんな素晴らしいことはないだろ
田端さん…
ただ足りない！
ガシャン
え！

はっ？何言ってるんですか!?
やだ！セクハラ！
変態！
そうじゃないプライドを捨てて勝負をかける覚悟が必要だと言ってるんだ
まだスマートにこなそうとしてるんだろ
役員に断られたぐらいで諦めるなんて情けない
プライドなんかクソくらえだ
けどむちゃして失敗したら田端さんのブランドに傷がつくじゃないですか！
そんなことどうでもいい!!

武士は打ち首　サラリーマンはノーリスク
俺はリクルートで フリーマガジン「R25」を立ち上げた
RECRUIT
オトコを刺激する情報マガジン
R25
[アールニジュウゴ]
毎週木曜発行!!
0円
祝!新創刊
小泉
ウィニー
携帯料金の謎
チワワ
不眠／シャラポワ
輸入盤CD規制
地ドル／参院選
ユーロ2004
たまには「泣ける」映画でもいかが?
ご自由にお持ち帰りください
ロング・インタビュー
「どんなツライ状況でも楽しめ」
江川達也
当時は失敗したら クビ覚悟の大きな プロジェクトだったが その時　気がついたんだ
なにをですか?

たとえズッコケて巨額な損失をだしても『給料全額返せ』と迫られるわけじゃないってな
つまりサラリーマンは会社の持っている資産を最大限に利用しながらギャンブルに挑むことができるんだ!!
た…確かに
成功すれば成り上がり失敗したって社内で後ろ指を指されるくらいだろ
サラリーマンはノーリスクという特権を利用しまくれ!

ブフッ
それはそうですね！
わかりました
ZOZOTOWNの力
そして
田端ブランドを
全国的に使わせて
もらいますよ
上等だ
思いっきり
やってこい

あっ!
ここの町工場も前から気になってたんだよなぁ
縫製工場
よし!
ダダダダ
下請けがメーカーをすっとばして直接お客さんが購入できるコンテンツねぇ
ダダダダ
ダダダ
あんたみたいな有名人がうちみたいな工場に来てくれたのは嬉しいんだけどさ
メーカーに嫌われたら現状すら維持できねぇんだわ!
帰ってくれ!

あの…
帰った 帰った
恐れないでください！
今の時代やろうと思えばなんだってできるんです！
くっ
そりゃあんたは有名人で可能だろうが下請けには無理なんだよ
そんなことありません！
いつまでもメーカーの奴隷ではなく自分というブランドを打ち立てて
自分の手で仕事を選び取るんです！

メーカーからの独立宣言をしましょう！
以前田端さんに言われたことを言ってしまった
だけど
長屋靴にメーカーからの独立宣言をさせてみせる！
賛同してくれる仲間が増えた
よしっ 次だ！

長屋靴
はい!?
なにこれ!?
田端信太郎 @田端大学塾
品質にこだわる町工場の巨匠が集まる「タウン・マエストロ・アワード」開催！
あいつ俺のツイッターアカウント勝手に使ったなでもどうやってパスワード分かったんだ…？
ラーイン♪
パスワードアカウント見つけちゃいました♪
日記見られたお返しです
あいつ俺の机勝手に漁ったなー!!

ZOZO本社
ツイー
犬猫魚@inunekos
参加したい！
たらもちゃん@tarakozuki
メーカーから解放してくれっ
社畜24時@53syataku
どうすれば参加できま
tokitamiroku@
きになる!!!
「タウン・マエストロ・アワード」はバズったわ
この盛り上がりだと新プラットフォームも絶対上手くいくはず…
田端さん見ましたよ！
あぁそうなの
新しいプラットフォームを作ろうとしてるじゃないですか
私たちも手伝わせてもらえませんか？
えっみんな…

実は私の親も下町の工場で働いているんです！
技術はあるのにもっと評価されてもって思うんですよ！
うちの親もです
よし！みんなでやりましょう！
はい！
お客様とイケてる町工場のマッチングサイトとして世界から注目されるようなサイトにしてみせる！
ヤレヤレ

これが田端さんの世界なんだ!!
ワクワクする！
楽しい…
ドオオオッ
また…なんなのコレ…
ようやく十分な数の町工場の参加が決まりましたね
十日後
あとは前澤社長へプレゼンで了承してもらうだけだね

仕事にはクレジット（署名）を入れろ

っしゃー!なんか燃えてきたー!!
絶対通してみせるわ!
ぷふっ
みんな楽しそう
ゾ
ゾ
あっまた!!
ドサッ
えっ
田端さん!
大丈夫ですか!?
ウソっ田端さん!?

有紀ちゃん…
良かった
目が覚めた
ガバッ
えっ
柳田さん!?
あっ
ムリしないで!
なんで!?
どういうこと?
頭が痛いって
急に倒れたから
病院に運んだんだ
お医者さんも
特に異常はないから
大丈夫だって
あっ
戻ってる…

そうっかぁ…
戻っちゃったんだ
有紀ちゃん ごめん
こんなになるまで 気付いて あげられなくて
だってこの前 俺が有紀ちゃん 守るって 告ったばっかなのに
え
えっ なんで 柳田さんが 謝るの?
柳田さんは 何も悪くないよ!

聞いてないよぉおおお！田端ああああ!!
有紀ちゃん
はっ はい！
これから何があっても俺が受け止める！
俺の彼女になってほしい
夢みたい…
えっ 有紀ちゃん？
あの誰か――！ また倒れちゃいました――！

数日後
まさか こんなに急に 戻るなんて びっくり したなー！
こっちも ビックリ しましたよ！
なんで 柳田さんに 告られたこと 黙ってたんですか!!
あんな 大事な ことを！
いいところ 取っておいて やったんだから いいだろう？
へえ～
ボッ
うるさい
あれっ 照れてる？ あっそう！ いいことしたか！ 若いって いいよねぇ～！

けど…身体に戻るのもう少し後でも良かったな…
その企画書はあるのか？
田端としてだけど名前が残る仕事が出来そうだったのに…
へー
宝探しのようなサイトで面白いじゃないか
けどもう元の体に戻ってしまったので…
後はよろしくお願いします
田端さんだったらきっと成功すると思います

俺は
やらねぇよ
ZOZOという
会社のブランドを
使わなくたって
今のあんたなら
自分でやれるだろ
えっ
そんなのム…
ハッ
カネじゃなく
パッション！
だろ？
ぷぷっ

どんな状況においても『たった一人の熱狂』を灯し続けろ！
そうですよね
ZOZOじゃなければならないわけじゃないし
やりますよ！
今いる場所から

数年後
プルルル
プルルルル
柳田さん イギリスの メーカーから 靴を取り扱い たいと連絡が 入っています
わかった 折り返し連絡 するからと 伝えて
プルル
柳田さん ユーザーと町工場の マッチングサイト 「トレジャーハント」に 登録したいという 業者の方が お待ちになっています
えっ もう いらっしゃったの?
10分後に行きます
カチャ
カチャ
カチャ

相変わらず忙しいわね
ええ
有紀のお陰でオリジナルブランドの靴も売れて
マッチングサイトも大反響ですからね
ほんと！制服もおしゃれになったし
ウフフ
オフィスもこんなに立派になっちゃったわ
けど…その有紀ちゃんがこの会社にいないってのは
寂しいわね…

オフィス
プロデュース・デザイン
珈琲チェーン店の
リニューアル
プロデュースの
件だけど
どこまで
進んでる？
店舗デザインは
この3社
デザイン事務所に
絞ったんですけど
見てもらえますか？
あっ いいねぇ
空野さん
駅近の
ビルの1Fが
空いたそうです
わかった！
じゃ今から
見に行こうか
ハイ

あいつはもっとワクワクできる仕事を見つけて
毎日胸を躍らせながら会社に行っていますよ
あらっ新婚っていいわね
えへへ
てへっ

君はパンツを脱げるかい？

田端「君はパンツを脱げるかい？」
有紀「やだ！　セクハラ！　変態！」

相手の信頼を勝ち取るためには正直さが必要だ。正直とは何か？　それは「パンツを脱げるか」ということだ。自分にとって不利になるようなことであっても、相手にオープンにできるかが、正直かどうかの分かれ目になる。「俺は正直だ」と自分で言っても意味はない。正直さはあくまで受け手が判断するものだからだ。

仕事ができるフルチン営業マンであれば「このままだと失注しそうです」と現状を包み隠さず、上司に報告できる。現実を直視して、挽回するチャンスをつかみ取ろうとする。お客様に泣きつくことだって選択肢の1つとして持っている。

しかし小賢しい営業マンは同じ状況でも「徹夜で資料を作って、プレゼンも理路整然とできました。ですから受注できるに決まってます」としたり顔で報告する。そして失注しても、反省するでもなく「あのクライアント、こんなにいい提案受け入れないなんてバカですね」などと責任転嫁する。こんな営業マンには、跳び蹴りだ。

有紀「あはは、でもプライドを捨てるって難しいわ」

田端「いわゆるプライドを指す英単語には、Confidence と Self-esteem の２つがある」

Confidence とは「今この瞬間、すべてを失っても、俺は俺だ。いつだってゼロからやり直してまた這い上がってみせるぜ！」という自分自身の内発的な強さに由来するもの。自分が信じる自分の強さだ。それに対して Self-esteem とは「立派な組織に所属している自分はすごい」という自分の外発的な強さに依存するものだ。たとえば、「東大卒だから俺はすごい」「三井物産社員だから俺はすごい」という自我のあり方だ。つまり他人が認めてくれた外生的な自分の価値だ。もちろん、このソーシャル時代にブランド人が正しく持つべきプライドであり自信とは Confidence の方であって、変なエリート意識など邪魔なだけだ。プライドなんか必要ならいつだって捨て、僕は土下座してみせる。なぜならば、そんな事で僕の価値は１ミリも下がらないと確信ができているから！　これこそがブランド人にとって最高のプライドの持ち方だ。

12

武士は打ち首。サラリーマンはノーリスク

有紀「やっぱりブランド人になるには、独立してフリーランスになるしかないんですか？」
田端「いやいや、実は、サラリーマンこそ、ギャンブルし放題なんだ」

会社に飼われているサラリーマンであっても、ブランド人として社会に旗印を掲げることはできる。独立してフリーランスになることが、ブランド人になるための唯一の道ではない。僕がその生きた実例だ。リクルートで「R25」を立ち上げたとき、僕はまだ27〜28歳の若造だった。「ここまで自信たっぷりに企画を通したのだから『R25』が大失敗したらもうオレはこの会社にいられないな」と思っていた。しかし、そのときハッと気づいた。
たとえ「R25」がズッコケて、億単位の巨額の損失を出したところで「給料を全額返還せよ」と要求されるわけじゃない。会社から横領しているわけでもないし、巨額の損失の

責任を取って、昔の武士のように打ち首になるわけでもない。

有紀「そうですよね。責任を取るといっても、せいぜい会社をクビになるくらい」

田端「ああ、打ち首にくらべれば、かすり傷だ。そのときは次の職場を探せばいい」

しかし、これがサラリーマンでなく、フリーランスだとしたら話はまったく違ってくる。フリーランスが自ら立ち上げた事業に失敗すれば、貯金を切り崩したり、多額の借金をしたり、自分で全責任を負わなくてはならない。一家離散になるかもしれない。

しかし、この本を読んでいる君が今、サラリーマンであるなら、「会社のお金を使って、自分なら勝てるはず！　と思っているギャンブルに挑む」ことができるのだ。こんな最高過ぎる特権を生かさない手はない。万一事業がズッコケても、次の日からまたキラキラした目をして出社しよう。少し後ろ指をさされるくらい何でもない。長い目で見れば、君の失敗は会社の財産となり、君自身の素晴らしい経験にもなる。

「サラリーマンはノーリスク」という特権を利用して、君も今日からブランド人としての箔を重ねていこう。さあ、打席に立ってバットを振りまくれ！　狙うのはいつもホームランだ！

13 仕事にはクレジット（署名）を入れろ

有紀「なんだか私もブランド人になれるような気がしてきました！」
田端「いいぞ！　ブランド人になるためには自分の仕事にクレジットを入れろ！」

マッキンゼー・アンド・カンパニーと言えば、世界に名だたる経営コンサルティング集団として有名だ。大前研一氏や勝間和代氏のような有名人、大学教授やＩＴ起業家、国会議員といった多彩な人材を、この会社は輩出してきた。ここで働いた経歴のある人はマッキンゼーのブランドイメージのおかげで、その後の人生を上手に渡り歩いたりできる。しかし、僕の視点では、マッキンゼーのような会社で働くことは、ほとんど意味がない。

それは、マッキンゼーのような会社ではどんなに働いても「この仕事は私がやりました」と言えないからだ。守秘義務があり、仕事の具体的な内容は、現役のときはもちろん、退職後も口にできない。あくまで、クライアント様のための仕事で黒子に徹しなければならない。どんなに企業の成長に貢献しても、自分個人の仕事として語ることはできない。十分な給料はもらえるが、功績はすべてコンサルティング会社のものだ。

有紀「手に入れなきゃならないのは、おカネではなく信頼ってことですよね？」

田端「わかってきたじゃないか。クレジットがないところにブランドは築かれない」

映画の世界では、監督や脚本、主演キャストだけでなく、スタッフ1人ひとりの名前がはっきりと示される。宮崎駿監督のアニメーションのように海外の国際映画祭で大きな賞を取った作品のエンドロールに自分の名があるということは、自分の仕事が世界から認められたのと同じことなのだ。

君たちは、これから田端信太郎のようなブランド人になろうとしているのだ。ならば、ブランド人としての仕事の爪痕を、社会という碑《いしぶみ》に刻んで歩け。そういう仕事を選び取れ。碑に自分の名を刻んでおけば、やがてより魅力的なオファーが舞い込んでくるはずだ。自分のプロジェクトには、自分の名前を刻み込め！

どんな状況においても『たった一人の熱狂』を灯し続けろ！

ブランド人になれ！

会社の奴隷解放宣言

カバーイラスト
伊野ナユタ
「ブランド人になれ！ 会社の奴隷解放宣言」カバー写真撮影（カバーイラスト参照元）
堀内 誠
ブックデザイン
土井敦史（天華堂noNPolicy）
制作
トレンド・プロ
編集
勘田 陽（幻冬舎コミックス）
企画
箕輪厚介（幻冬舎）

マンガ
ブランド人になれ!
会社の奴隷解放宣言

2019年2月28日　第1刷発行

著者
田端信太郎
星井博文
伊野ナユタ

発行人
石原正康

発行元
株式会社 幻冬舎コミックス
〒151-0051
東京都渋谷区千駄ヶ谷4-9-7
電話　03-5411-6431(編集)

発売元
株式会社 幻冬舎
〒151-0051
東京都渋谷区千駄ヶ谷4-9-7
電話　03-5411-6222(営業)
振替　00120-8-767643

印刷・製本所
株式会社 光邦

ISBN978-4-344-84429-2 C0095

幻冬舎コミックスホームページ
http://www.gentosha-comics.net
